AF497814

# SABINUS,

## TRAGÉDIE-LYRIQUE,

## EN QUATRE ACTES,

### REPRÉSENTÉE,

DEVANT SA MAJESTÉ,

*A Versailles, le 4 Décembre 1773,*

*ET, POUR LA PREMIÈRE FOIS,*

## PAR L'ACADEMIE-ROYALE

## DE MUSIQUE,

Le Mardi 22 Février 1774.

### PRIX XXX. SOLS.

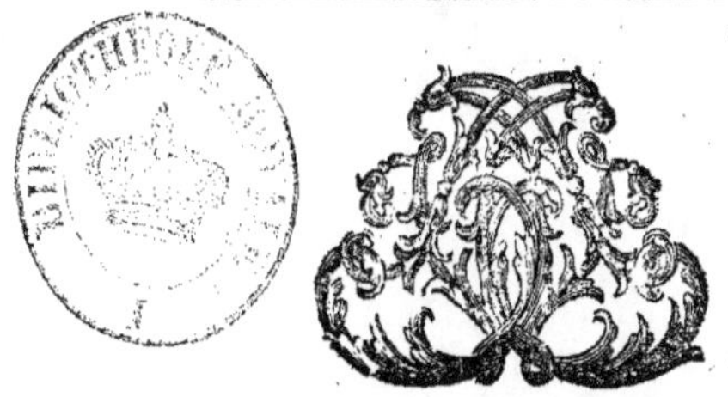

*AUX DÉPENS DE L'ACADÉMIE.*

A PARIS, Chés DELORMEL, Imprimeur de ladite Académie, rue
du Foin, à l'Image Sainte Genevieve.

*On trouvera des Exemplaires du Poëme à la Salle de l'Opera.*

### M. DCC. LXXIV.

*AVEC APPROBATION ET PRIVILEGE DU ROI.*

*Le Poeme est de M.****

*La Musique est de M. GOSSEC.*

# ACTEURS CHANTANTS
## *DANS LES CHŒURS.*

| Côté du Roi. | | Côté de la Reine. | |
|---|---|---|---|
| *Mesdemoiselles.* | *Messieurs.* | *Mesdemoiselles.* | *Messieurs.* |
| Girardin. | Cailteau. | le Bourgeois. | Larlat. |
| Garrus. | Héri. | d'Agée. | Vatelin. |
| la Guerre. | Lagier. | Chenais. | l'Écuyer. |
| de Laurette. | Van-Hecke. | de l'Or. | Tourcati. |
| Durand. | Martin. | des Rosières. | Ghuiot. |
| Fontenet. | le Grand. | de Merei. | Capoi. |
| Veron. | Deffart. | Denis , l. | Moreau. |
| Renard. | Hollmans. | du Val. | Méon. |
| Rouxelin. | Boi. | Déjardins. | Beghaim. |
| du Fresnoi. | Laurent. | Thaunat. | Cleret. |
|  | Huet. |  | Tacuffet. |
|  | Itaffe. |  | Baillon. |
|  | Parant, c. |  | Deformeri. |
|  | Jouve. |  | Fagnan. |
|  | Lainez. |  |  |

# ACTEURS

| | |
|---|---|
| SABINUS, *Prince Gaulois,* petit-fils de *JULES-CÉSAR.* | M. l'Arrivée. |
| EPPONINE, *Princeſſe Gauloiſe.* | Mᵐᵉ. l'Arrivée. |
| MUCIEN, *Romain, Gouverneur de la Gaule.* | M. Durand. |
| LE GRAND DRUÏDE. | M. Gélin. |
| FAUSTINE, *Confidente d'Epponine.* | Mˡˡᵉ. Châteauneuf. |
| LE GÉNIE *de la GAULE.* | M. Gélin. |
| UNE FEMME ÉTRANGERE. | Mˡˡᵉ. du Puis. |
| NATALIS, *Confident de SABINUS.* | M. Muguet. |
| ARBATE, *Romain.* | M. Cavalier. |
| UN BERGER. | M. Tirot |
| UN AUTRE BERGER, | M. Beauvalet. |
| UN GAULOIS, | M. le Gros. |

PEUPLES GAULOIS.

SOLDATS ROMAINS.

DRUIDES.

BERGERS ET BERGERES.

PEUPLES DE DIFFÉRENTES NATIONS.

SUIVANTS DU GÉNIE DE LA FRANCE.

PASTRES.

*La Scêne eſt à Langres.*

# PERSONNAGES DANSANTS.

## ACTE PREMIER.

*PEUPLES DE LA GAULE.*

M. GARDEL, Mlle GUIMARD.

M. DES PRÉAUX, Mlle COMPAIN.

M. LE FEVRE, Mlle LE CLERC.

Mrs. Trupti, Rivet, Huart, Dangui, Aubri, Lieffe, le Roi, 1er. Duchaîne, le Breton, Hennequin, l., le Doux, Roiffi.

Mlle. Martin, Rofé, Adeline, Lallin, St. Ouin, Jonveau, Felmé, du Mefnil, Dorfan, Dubauchet, Adrienne, Regnard.

## ACTE SECOND.

*BERGERS & BERGERES.*

Mrs. DES PRÉAUX, GIROUX.

Mlles. LE CLERC, JULIE.

Mrs. Giguet, le Roi, 2, Dubois, Desbordes.

Mlles. d'Auvilliers, Ifoire, Lolotte, le Monnier.

*PASTRES & PASTOURELLES.*

Mlle. PESLIN.

M. SIMONIN, c. Mlle. COMPAIN.

Mrs. Barré, Largilliere, Doffion, la Rue.

Mlles. Henriette, Dumont, Deshaies, Duval.

*VIEUX & VIEILLES.*

M. D'AUBERVAL.

M. MALTER, Mlle. CLÉOPHILE.

Mrs. Hennequin, c., Fontaine.

Mlles. Perolle, Adélaïde.

*ENFANTS.*

Mrs. Nivelon, Goyon, du Pin, Coulon.

Mlles. Joly, Coulon, Figuelair, Bréa.

# ACTE TROISIÈME.

*FRANÇOIS & FRANÇOISES.*

Mlle. HEINEL.

M. VESTRIS, f.

Mrs. Leger, Hennequin, l., le Doux, le Breton.
Mlles. Delfevre, du Bois, Adeline, le Monnier.

*ESPAGNOLS.*

Mrs. VESTRIS, GARDEL.

Mrs. Rivet, Henri, Trupti, Huart.
Mlles. Martin, Jonveau, Rofé, Lallin.

*ANGLOIS & ANGLOISES.*

M. D'AUBERVAL, Mlle. GUIMARD.

Mrs. Simonin, c., Largillière, Barré, Ducel.
Mlles. Julie, Cléophile, Perolle, Adélaïde.

*SAXONS.*

Mrs. Aubri, Dangui, Petit, Lieffe.
Mlles. du Mefnil, Felmé, St. Ouin, Deshaies.

# ACTE QUATRIÈME.

*PEUPLES DE LA GAULE.*

Mlle. ASSELIN.

M. GARDEL, c., Mlle. DORIVAL.

Mrs. Duchaîne, Dangui, Huart, Guillet, Pladix, Henri.
Mlles. Rofé, Martin, du Mefnil, Adrienne,
Auberte, Belletour.

*SUIVANTS DU GENIE.*

M. GARDEL, Mlle. HEINEL.

Mrs. Aubri, le Doux, Petit, du Bois, Hennequin, l.,
le Breton.
Mlles. Adeline, du Bois, St. Ouin, Huet, Lilia, Regnard.

# SABINUS,

## *TRAGÉDIE LYRIQUE.*

## ACTE PREMIER.

*( Le théâtre repréfente une Place publique. )*

## SCÈNE PREMIÈRE.

### SABINUS, NATALIS.

#### *SABINUS,*

A MI, voici le jour le plus beau de ma vie,
Je vais voir Epponine à mes deſtins unie.
Puiſſe ce jour, marqué par les plaiſirs,
S'embellir encor par la gloire,

8        **S A B I N U S ,**

Et préfenter à mes defirs
Les dons brillans de la victoire.

## *N A T A L I S.*

De ce difcours, que dois-je croire ?
Sabinus, quels font vos deffeins ?

## *S A B I N U S.*

D'affranchir la Gaule affervie ;
De rendre fon pouvoir redoutable aux Romains.
Mucien nous commande & fert leur tyrannie,
Ou plutôt de Céfar miniftre impérieux,
De l'intérêt public il couvre fa vengeance :
Dès longtems Epponine a rejetté fes vœux ;
Son amour en gémit, fon orgueil s'en offenfe,
Il punit par nos maux le mépris de fes feux :
Que je le haïs !

## *N A T A L I S.*

Forcez votre haîne au filence ;
Au pouvoir des Romains gardez-vous d'infulter.

## *S A B I N U S.*

Céfar fut mon aïeul ; Céfar fut les dompter.
Te le dirai-je enfin ? un fonge me tourmente,
Son image, à toute heure, en tous lieux m'eft préfente.

*Récit*

## RÉCIT *accompagné.*

Aux douceurs du fommeil, ami, j'étois livré;
Soudain à mes yeux s'eft montré
Des Gaulois le dieu tutélaire ;
Trifte, pâle, défiguré,
Couvert de cendre & de pouffière.
Ses rayons pâliffans s'éteignoient fur fon front :
Il foulevoit fes fers ; il pleuroit fon affront.
A fes accens funèbres,
A fes lugubres cris ,
Du féjour des ténèbres ,
Mes aïeux font fortis.
J'ai vu leur troupe conjurée
Me faifir , m'entraîner dans d'horribles cachots :
Là, promenant ma vûe incertaine , égarée,
Je me fuis trouvé feul au milieu des tombeaux.

## *A I R.*

Rempli de cette noire image,
Le trouble eft encor dans mon cœur,
La honte ajoûte à mon courage ,
Mon courage devient fureur.

Epponine, amante chérie,
Du doux fentiment qui nous lie,

B

Je te dois un juste retour ;
La liberté de ta patrie
Sera le prix de ton amour.

# SCÉNE II.

*Les* ACTEURS *de la Scêne précédente,* EPPONINE,
FAUSTINE , CHŒUR *des differens peuples
de la Gaule.*

### CHŒUR, *derrière le théâtre.*

OU font-ils ces heureux époux ?
Que notre œil enchanté les voie :
Déja leur douce joie
A paffé jufqu'à nous.
Où font-ils ces heureux époux ?

### EPPONINE , *entrant en même tems que le*
CHŒUR, *mais par un autre côté.*

Le voilà, ce héros que vous voulez connoître ;
Le voilà, ce mortel fi digne d'être aimé :
Par les tranfports qu'en vous notre himen a fait naître,
Jugez de quels tranfports mon cœur eft animé.

### SABINUS.

Epponin e! ô momens de la plus douce ivreffe !
Chantez, peuples , chantez ;

B ij

Que vos jeux, que votre allegrèsse.
Ajoûtent, s'il se peut, à nos félicités.

( On danse. )

( On lui offre des présens. )

FAUSTINE & le CHŒUR.

Tout ce qui plaît dans la nature
A la beauté sert de parure :
   Tant de trésors semés
   Sur la terre & dans l'onde,
   Pour elle sont formés ;
   Elle est reine du monde.

Que ces dons soient votre partage,
L'amour vous les a consacrés ;
Si vous daignez en faire usage,
C'est vous qui les embellirez.

( On danse. )

( La danse est interrompue par l'arrivée d'ARBATE. )

## SCÈNE III.

*Les* ACTEURS *de la Scène précédente ,* ARBATE.

### *ARBATE.*

ARrêtez : Mucien ne veut pas qu'on achève
Les fêtes qu'à l'amour on confacre aujourd'hui ;
Le nom de Sabinus doit périr avec lui :
   N'efperez pas qu'un jour il fe relève ;
S'il ofoit y penfer , qu'il apprenne fon fort :
     Sur l'amante à fes jours unie ,
     Son audace fera punie ;
En prenant une époufe , il lui donne la mort.

### *SABINUS.*

Ciel !

### *ARBATE.*

Mucien s'avance, il va bientôt paroître ;
Sujèts, tremblez d'irriter votre maître.

( Il fort. )

# SCÊNE IV.

EPPONINE, SABINUS, CHŒUR.

### SABINUS.

A Quels affronts, grand dieu, je me vois condamner!

### EPPONINE.

Cet ordre d'un tyran doit-il nous étonner ?

### SABINUS.

Il eſt affreux, il nous ſépare.

### EPPONINE.

Il nous ſépare ! eh quoi ! ſans l'aveu d'un barbare,
Ni mon cœur, ni ma main, n'oſeront ſe donner ?

### SABINUS.

Que dis-tu ? quel tranſport t'anime ?
Voudrois-tu des Romains te rendre la victime ?

### EPPONINE.

Aux yeux de ton rival jaloux,
Je veux te nommer mon époux.

## *SABINUS.*

Epponine ! ô grandeur ! ô courage fublime !
Un fentiment fi magnanime
Efface mes affronts , & les répare tous.

### D u o.

### *EPPONINE.*

Uniffons nos deftins ;

### *SABINUS.*

Je ne puis.

### *EPPONINE.*
Qui t'arrête ?

### *SABINUS.*

Ton péril.

### *EPPONINE.*

Il n'eft rien.

### *SABINUS.*

Pour toi la mort s'apprête :

### *EPPONINE.*

Contre elle de ton bras n'ai-je pas le fecours ?

### *SABINUS.*

Laiffe-moi te fervir fans craindre pour tes jours :

Si Mucien, ô ciel ! je tremble,
Si Mucien étoit vainqueur ?

### *E P P O N I N E.*

En nous voyant mourir enfemble,
Il envieroit notre bonheur :

### *E N S E M B L E.*

Puiffant maître du monde,
Que ton bras nous feconde
L'amour qui nous unit mérite ta faveur.

### *E P P O N I N E,*

Ne differons pas davantage ;
J'en attefte le ciel, je te donne ma foi,
Ofe la refufer.

### *SABINUS , après un moment de réflexion.*

Hé bien ! je la reçoi.
Peuple, voyez à quoi cet himen vous engage.

### L E *C H Œ U R.*

Nous périrons pour la fauver.

### *S A B I N U S.*

Contre la tyrannie ofez vous foulever ;
Entre nos citoyens choififfez vous un maître.

L E

### LE *CHŒUR*.

Sabinus, c'eft à vous de l'être.

### *SABINUS.*

J'accepte, avec tranfport, cet honneur éclatant,
Et pour le mériter, je vole à la victoire ;
De ce règne naiffant
Que le premier inftant
Soit marqué par la gloire.
Élève ta voix,
Trompette brillante ;
Dans l'âme des Gaulois,
Répands l'ardeur bouillante
Des plus nobles exploits.

*( La trompette fe fait entendre ; appellés par fes fons,
trois jeunes Gaulois s'échappent des bras de leurs
maîtreffes : elles arrivent après eux, & cherchent
à les retenir : les trois jeunes guerriers cedent un
moment aux féductions de l'amour; mais la trompette les rappelle à leur devoir, & ils brifent les
guirlandes de fleurs dont ils font couverts. Leurs
maîtreffes partagent elles-mêmes cet enthoufiafme
guerrier; & ce font elles qui arment leurs amans. )*
*( Danfe générale des Gaulois préludans aux
combats. )*

C

## SABINUS, EPPONINE, Chœur.

Sortons d'efclavage,
Que notre courage
Nous rende l'ufage
Des biens qu'on ofe nous ravir.

## SABINUS.

C'eft la beauté qu'il faut fervir.

## EPPONINE.

C'eft un tyran qu'il faut punir.

## TOUS DEUX.

A combattre tout vous engage.

## LE CHŒUR.

Sortons d'efclavage,
Que notre courage
Nous rende l'ufage
Des biens qu'on ofe nous ravir.

(*Epponine arme fon époux, & l'embraffe ; l'acte
finit par une marche guerrière.*)

# FIN DU PREMIER ACTE.

# ACTE SECOND.

XXXXXXXXXXXXXXXXXXXXXXXXXXXXXXXXXXX

*( Le théâtre repréſente la forêt ſacrée , habitée par les Druïdes. Un autel eſt au milieu, & ſur l'un des côtés, un antre fermé par des portes d'airain ).*

XXXXXXXXXXXXXXXXXXXXXXXXXXXXXXXXXXX

# SCÉNE PREMIÈRE.

## EPPONINE, FAUSTINE.

### *EPPONINE.*

Voici cette forêt aux mortels redoutable,
Séjour antique & vénérable,
Par nos Druïdes habité ;
Temple ( *a* ) que la nature,

––––––––––––––––––––––––––––––––

( *a* ) Les Gaulois n'avoient point d'autre temple.

De fa main libre & pure
Fonda pour la divinité ;
Et qui toujours exempt d'outrages,
Et du tems même refpecté,
En voyant s'écouler les âges,
Voit accroître fa majefté.
Ici de mon deftin je vais être informée.

### F A U S T I N E.

Princeffe, à peine je conçois
Le trouble extrême où je vous vois ;
Votre âme à la terreur fut fi long-tems fermée :
Qu'avez-vous donc appris qui vous force à trembler?

### E P P O N I N E.

### A I R.

Près de l'objet de ma tendreffe,
Nul effroi n'a pu me troubler ;
Mon âme exempte de foibleffe,
S'efforçoit de lui reffembler.
Lorfque le péril l'environne,
Mes fentimens ont dû changer :
Je ne vois plus que fon danger,
Et mon courage m'abandonne.

### FAUSTINE.

Vous craignez ſes malheurs ; les vôtres ſont plus
　　grands :
　　　L'injuſtice de nos tyrans,
De vos jours trop heureux a proſcrit la durée,
Un décret menaçant vous condamne à la mort.

### EPPONINE.

Eh ! dois-je en ce moment m'occuper de mon ſort ?
Vas, que mon époux vive, & je ſuis raſſurée.

　　　( *On entend une ſimphonie champêtre.* )

Mais j'entends des Bergers les naïves chanſons ;
Qui peut les inviter à former ces doux ſons ?

# SCÈNE II.

EPPONINE, FAUSTINE, Bergers.

### LE CHŒUR.

LA guerre a troublé nos aziles ;
En des lieux plus tranquilles,
Nous cherchons le repos.

## *EPPONINE.*

Ce n'eſt point près de moi que le repos habite ;
Le trouble qui m'agite ,
Me cauſe plus de maux ,
Qu'au ſein de vos hameaux ,
La guerre n'en excite.

### *A I R.*

Bergers, que nos deſtins, hélas, ſont differens !
Vous ne craignez que pour vos champs ,
Pour ces riches tributs que vos mains font éclore ;
Je tremble pour les jours d'un héros que j'adore.

### *UN BERGER.*

Occupons-nous à charmer ſa douleur,
Ramenons, s'il ſe peut, le calme dans ſon cœur.
(*Tandis qu'on danſe autour d'elle, le CHŒUR chante*).
### *LE BERGER & LE CHŒUR.*
Que l'eſpérance eſt douce au cœur des malheureux !
Elle écarte les maux qui s'offrent devant eux.
Compagne de l'amour , eſpérance ſi chère ,
Deſcends du haut des cieux ,
Fais briller à ſes yeux
Ta plus douce lumiere ,
Et ſans tromper ſon cœur, flatte aujourd'hui ſes vœux.

( *On danse. Des vieillards entrent sur la scène : l'un d'eux, plus recommandable que tous les autres, apprend qu'Epponine est dans l'inquiétude ; il tâche de la rassurer ; il lui annonce l'arrivée des druides qu'il a vus de loin dans la forêt ; il fait élever un autel champêtre pour le sacrifice que l'on doit offrir. Ensuite il attroupe des enfans autour d'Epponine, & leur commande de danser pour la distraire. La sécurité de ce vieillard se communique à toute la troupe, & la joie devient universelle.* )

### AIR EN TRIO.

Que des foibles humains
La prudence indiscrète
S'agite, s'inquiète,
Pour des maux incertains :
Parmi le bruit des armes,
Au moment des combats
L'enfance est sans allarmes ;
Elle voit les dangers & ne les connoît pas.

Age heureux de l'enfance,
Tes jeux intéressans
Nous ramenent au tems
De l'aimable innocence ;
L'insensible vieillesse avec toi s'attendrit,
Le sombre ennui s'égaie, & la douleur sourit.

# SCÈNE IV.

MUCIEN, CHŒUR *de Soldats armés de haches;*
DRUIDES ET BERGERS , ARBATE.

*( On entend une simphonie guerrière. )*

### M U C I E N.

QU'on arrête Epponine , obéiffez , partez.

### A R B A T E.

N'en doutez pas , Seigneur , par vous , par vos bontés ,
A vous trahir enhardie ,
Elle court fe rejoindre à l'objet de fes vœux.

### M U C I E N.

Que ce nouvel affront m'offenfe & m'humilie !
Quand je fuis maître de fa vie ,
La cruelle outrage mes feux ;
Sa tendreffe préfère
Le deftin d'un profcrit ,
Que ma fureur punit ,
Au deftin éclatant que je voulois lui faire.
Qui retient ma fureur ? immolons à la fois
Tout ce qui dans ces lieux ofe enfreindre mes loix.

Ravagez ces forêts tranquilles ,
Détruisez un culte odieux ,
Que les druïdes & leurs dieux
Sur la terre n'aient plus d'azyles.

### LE CHŒUR.

Arrêtez , suspendez vos coups.

### MUCIEN.

Non , frappez , servez mon couroux ;
Il faut que le crime s'expie.

### LE CHŒUR.

Dieu des Gaulois, tu nous trahis.

### MUCIEN.

Votre Dieu n'entend point vos cris ,
Son bras vous livre à ma furie.

### LE CHŒUR.

Arrêtez , suspendez vos coups.

### MUCIEN.

Non, frappez , servez mon courroux ;
Il faut que le crime s'expie.

### LE CHŒUR.

Ciel ! ces bois sacrés sont détruits.

*MUCIEN.*

Lâches , de votre perfidie ,
Vous recueillés les juftes fruits.

( *La forêt eft abattue , l'autel renverfé , les Gaulois
s'enfuient en défordre.* )

# ACTE TROISIEME.

(*Solitude affreuse, rochers, précipices.*)

## SCÈNE PREMIÈRE.

### *S A B I N U S.*

*R E C I T   O B L I G É.*

Ou fuir ? quel antre solitaire
M'ouvrira de son sein la ténébreuse horreur ?
Dans les abîmes de la terre
Ne puis-je ensevelir ma honte & ma douleur ?
Epponine, un tyran est maître de ta vie,
Et la main d'un époux te livre à sa furie.
Mais dois-je appréhender le courroux du vainqueur ?
Pour un objet aimé l'on a moins de rigueur.
Il l'aime ! ô honte ! ô suplice !

Quoi ! de l'amour d'un rival
Il faut que mon amour aujourd'hui s'applaudiſſe !
Eh ! ſi de ce rival, la barbare injuſtice,
Exécutoit l'arrêt fatal !

*A I R.*

Dieux ! ma raiſon s'égare.
De mes ſens éperdus
Un trouble affreux s'empare ;
Je ne me connois plus.

Quel ſpectacle s'apprête !
Pour qui ſont ces flambeaux ?
Au fer de ces bourreaux,
Qui doit offrir ſa tête ?

C'eſt elle, je la voi ;
Une foule inhumaine
Au ſuplice l'entraîne,
Elle périt pour moi.

Dieux ! ma raiſon s'égare.
De mes ſens éperdus
Un trouble affreux s'empare ;
Je ne me connois plus.

## SCÊNE II.

SABINUS, NATALIS.

*SABINUS.*

Natalis, que viens-tu m'apprendre ?
Quel sera son destin ? dis, qu'a-ton résolu ?
Mon désespoir a tout prévu,
Parle, ami, je puis tout entendre.

*NATALIS.*

Seigneur, ne songez plus qu'à venger vos malheurs.

*SABINUS.*

Est-ce de son trépas qu'il faut que je me venge ?

*NATALIS.*

Eh ! ne savez-vous pas qu'un arrêt...

*SABINUS.*

Ciel ! qu'entends-je ?
L'arrêt s'est accompli ; c'en est fait, je me meurs.

*NATALIS.*

C'est cette nuit qu'une main homicide
Va terminer son sort.

# SABINUS,

## SABINUS.

Elle vit ; ah ! courons l'arracher à la mort.

## DUO.

### SABINUS.

Cherchons cet ennemi perfide.

### NATALIS.

Redoutez plutôt fon couroux.

### SABINUS.

C'eft de mon fang qu'il eft avide ;
Je vais me livrer à fes coups.

## ENSEMBLE.

| NATALIS. | SABINUS. |
|---|---|
| Arrêtez, arrêtez, qu'ofez-vous entreprendre ? | Laiffez-moi, je ne puis, je ne veux rien entendre. |

### NATALIS.

Vos jours font notre bien ,
Vos périls font les nôtres.

### SABINUS.

Son péril eft le mien ,
Je n'en connois point d'autres.

## ENSEMBLE.

| SABINUS. | NATALIS. |
|---|---|
| Arrêtez, arrêtez, qu'ofez-vous entreprendre, | Laiffez-moi, je ne puis, je ne veux rien entendre. |

SCÈNE

# SCÉNE III.

LE GÉNIE *de la Gaule*, SABINUS, NATALIS.

## LE GÉNIE.

DEmeure, & reconnois ma voix,
Reconnois ce Génie,
Ce dieu de ta patrie,
Qui dans l'ombre des nuits t'a parlé tant de fois :
Ton époufe vivra, raffure ta tendreffe ;
Elle vivra, le ciel t'en eft garant.

## SABINUS.

Que fon courroux fur moi fe déchaîne à-préfent,
Je fuis heureux par ta promeffe.

## LE GÉNIE.

Des plus vaftes projets conçois la noble ardeur
Élève ton courage ;
Et des fiècles brillans témoins de ma grandeur
Contemple ici l'image.

( *Le théâtre change & repréfente un palais. On voit dans le fond la ftatue de Charlemagne ; les peuples de l'empire l'environnent & lui rendent hommage.* )

E

### LE *CHŒUR.*

Que tout célèbre les exploits
D'un roi que l'occident révère ;
Par le droit de la guerre ,
Charle a foumis les rois ;
La moitié de la terre
Obéit à fes loix.

### LE *GÉNIE.*

Tu vois de la trifte Italie
L'orguëil humilié devant tes defcendans ;
Par la main des beaux arts vois la France embellie ,
Vois fixer dans fon fein les plaifirs renaiffans.

( *On danfe.* )

( *Quadrilles des differentes nations de l'Europe ,
attirées aux fêtes de la France.* )

### UNE *FEMME ÉTRANGÈRE.*

France , féjour rempli d'attraits ,
Sous tes loix que n'ai-je pu naître !
Qui peut te voir & te connoître ,
Voudroit ne te quitter jamais.

La beauté partout accueillie ,
Se plaît fur-tout dans ces climats :

Si-tôt qu'elle y porte ſes pas,
Elle ſe dit : « c'eſt ma patrie ».

France, &c.


Les grâces, qu'ailleurs on ignore,
En foule ici s'offrent aux yeux :
Arrive-t-on belle en ces lieux ?
On y devient plus belle encore.

France, &c.

(*On danſe.*)

UN *HABITANT* DE LA *FRANCE*.

Ici les arts & les talens
Ont fixé leur aimable empire ;
Et le charme qu'on y reſpire,
Des plus longs jours fait des momens.

Aux piés d'une jeune beauté
Qu'un amant des beaux arts ſoupire ;
Les vers, & le chant, & la lyre
Embelliſſent la volupté,
Et leur yvreſſe ajoûte à ſon délire.

(*On danſe.*)


E ij

# S C Ê N E  IV.

### L E  G É N I E , S A B I N U S ,

### L E  *G É N I E.*

DEscends dans les tombeaux qu'ont bâtis tes aïeux,
Demeures-y caché dans l'ombre & le silence :
    D'un ennemi victorieux
    J'endormirai la prévoyance.
Déja la renommée annonce ton trépas.

### *S A B I N U S.*

Ah ! qu'Epponine au moins de mon fort assurée …

### L E  *G É N I E.*

Epponine elle-même au désespoir livrée
Va pleurer son époux.

### *S A B I N U S.*

        Dieu !

### L E  *G É N I E.*

                Ne résiste pas,
Ses jours seront le prix de ton obéissance.
Je veille sur ton fort, je conduis tous tes pas :
    Obéis ; j'armerai ton bras
    Pour le moment de la vengeance.

*FIN DU TROISIÈME ACTE.*

# ACTE QUATRIÈME.

( *Le théâtre repréſente les ſouterrains obſcurs où les Princes Gaulois ſont inhumés.* )

## SCÈNE PREMIÈRE.

### *SABINUS.*

SE peut-il qu'en ce ſombre azile,
Environné d'objets d'horreur,
Mon âme éprouve un ſort tranquille,
Et goûte la paix du bonhēur ?

#### *A* I R.

Amour, Amour, c'eſt ton ouvrage :
D'Epponine la douce image
Me ſuit au milieu des tombeaux :
De mes ennuis, de ma conſtance

Ses jours feront la récompenfe,
Je m'applaudis de tous mes maux.

Éveille-toi, peuple fidele,
Peuple dans les fers endormi ;
A mon courage unis ton zèle,
Reprends une force nouvelle
Pour écrafer notre ennemi.

## SCÈNE II.

SABINUS, CHŒUR, *éloigné.*

UNE *VOIX.*

Avançons, descendons sous ces voûtes funèbres.

### SABINUS.

Dieu ! quelle voix plaintive a percé ces ténèbres ?

### LE *CHŒUR, éloigné.*

Avançons, descendons sous ces voûtes funèbres.

### UNE *VOIX.*

Cher Sabinus !

### SABINUS.

O ciel ! est-ce une illusion ?

### LA *VOIX.*

Hélas ! de Sabinus j'atteste en vain le nom.

### SABINUS.

O mon cœur ! aux accens de cette voix si tendre,
Pouvois-tu te méprendre ?
Epponine ! courons nous jetter dans ses bras ....
Quel obstacle arrête mes pas ?
Quel pouvoir inconnu m'enchaîne ?

Une invisible main vers ce tombeau m'entraîne.
O Dieu de ma patrie ! ô Dieu, qui me la rends,
Si ta faveur vers moi prit soin de la conduire,
Est-ce pour la ravir à mes embrassemens ?
Je te vois, dieu cruel ; tu parles, je t'entends :
Tes ordres sont affreux ; mais je dois y souscrire.

*( Il se renferme dans un tombeau qui a été destiné de*
*tout tems pour sa sépulture. )*

SCÊNE

## SCÈNE III.

EPPONINE, FAUSTINE, *en habit de deuil*, CHŒUR *de femmes voilées.*

### *EPPONINE.*

MAnes facrés de mon amant,
Je n'ai donc joüi qu'un moment
De la plus belle deftinée !
Hélas ! complice de ton fort,
Mes vœux hâtoient notre himenée,
Mes vœux ont avancé ta mort.

Dieux cruels ! vous m'avez trahie,
Vous n'aviez menacé que moi :
Lorfque je lui donnai ma foi,
Je crus n'expofer que ma vie.

Mânes facrés, *&c.*

Avant de me rejoindre au héros que je perds,
Que les derniers honneurs à fes cendres offerts...
Dieu ! Mucien !

# SCÈNE IV.

*Les* ACTEURS *de la Scéne précédente,* MUCIEN.

### E P P O N I N E.

FLéau de ma triste patrie,
Quoi ! jufques dans ces lieux ofes-tu me braver ?

### M U C I E N.

Des coups du défefpoir je viens vous préferver.

### E P P O N I N E.

Tu m'as fait détefter la vie ,
Et tu veux me la conferver ?
Difpenfe-toi d'un foin trop inutile ;
Sors , quitte cet azile.

### M U C I E N.

Je ne puis vous abandonner ;
Je vois votre deffein.

### E P P O N I N E.

Crois-tu m'en détourner ?

### M U C I E N.

Oui, je le préviendrai, ce deffein homicide ;
Mon cœur ofe encor s'en flatter.

## *E P P O N I N E.*

Hé bien ! c'eſt devant toi , perfide ,
Que ma main va l'exécuter.

[ *Elle court vers le tombeau , le poignard à la main ,*
*prête à ſe frapper.* Mucien *la ſuit.* ]

[ *Le tonnerre gronde , la tombe abîme ſous la terre ,*
& Sabinus *paroît armé.* ]

## SCÈNE V.

*Les* ACTEURS *de la Scène précédente*, SABINUS,

### ÈPPONINE.

QUe vois-je?

#### MUCIEN.

Sabinus!

#### SABINUS.

Oui, je respire encore,
Et c'est pour t'immoler.

[*Le combat s'engage ; Mucien en combattant rentre
dans la coulisse.*]

#### EPPONINE.

Grand Dieu ! je t'implore ;
Quel sang va couler ?

[*Elle sort, tout le monde la suit.*]

## SCÈNE VI.

*[ Le théâtre repréſente la place publique.]*

*[ Bruit de guerre, pendant lequel on voit les Romains*
*défaits par les Gaulois. ]*

## SCÈNE VII.

SABINUS, EPPONINE, GAULOIS,

*[ Lever du jour.]*

### SABINUS.

MUcien par mes coups vient de perdre la vie :
    Braves Gaulois, c'en eſt aſſez,
Épargnons ces vaincus que la crainte a glacés.

*[ Le Génie de la Gaule deſcend dans toute ſa gloire.]*

## SCÊNE VIII.

LE GÉNIE *de la* GAULE,
*Les* ACTEURS *de la Scêne précédente* , SUIVANS
DU GÉNIE.

### LE *GÉNIE.*

J'Ai conduit tes deſtins, ma promeſſe eſt remplie ;
Jouis de tes ſuccès.
Et vous, par qui ma cour eſt embellie ,
Partagez les tranſports de ſes heureux ſujets ,
Honorez ſa vaillance, & chantez mes bienfaits.

[*On danſe.*]

### SABINUS, EPPONINE.

Peuples , vous n'avez plus de maître ;
Avec l'aſtre du jour ,
La gloire eſt de retour ;
La liberté vient de renaître.

### LE *CHŒUR.*

Liberté , liberté ;
Que ce cri répété
Brave de nos tyrans la puiſſance inhumaine.
Liberté , liberté ,

Que ce nom répété
Soit le fignal des biens que ce jour nous ramène.

[ *On danfe.* ]

UN  *G A U L O I S.*

Le cours de nos heureux deftins
Reffemble aux jours les plus fereins ;
Il n'eft pas exemt d'un orage.
L'éclair embrâfe le nuage ,
La foudre éclate dans les airs ;
Des aquilons l'affreux ravage
Répand l'effroi dans l'univers.

Mais un inftant ramene
Le calme des beaux jours ;
Les vents n'ont plus plus d'haleine,
L'onde reprend fon cours :
Tranquille dans la plaine ,
Le berger fe promène
Et chante fes amours.

[ *Ballet général.* ]

F I N.

---

## *A P P R O B A T I O N.*

J'Ai lu , par ordre de Monfeigneur le Chancelier,
*Sabinus* , Tragédie Lyrique : & je crois qu'on peut en per-
mettre l'impreffion.

A Paris , ce 17 Décembre 1773.

MARIN.